Një ditë, ajo u tha qenve - "Është koha të vizitoj vajzën time. Rrini këtu deri sa të kthehem." E bëri gati çantën dhe u nis.

One day, she told her dogs, "It's time for me to visit my daughter. Stay here until I return." She packed her bag and went on her way.

Nuk kishte ecur shumë në pyll kur e takoi një dhelpër,
"Buri Buri dua të të ha," - iu gërmua ajo.

She hadn't gone far into the forest when she met a fox.
"Buri Buri, I want to eat you," he snarled.

BURI DHE KUNGULLI

Buri and the Marrow

Retold *by* Henriette Barkow
Illustrated by Lizzie Finlay

Albanian translation by Bardha Stavileci

Mantra

Na ishte njëherë një plakë e cila jetonte me dy qentë e saj Lalu dhe Bhalu.
Vajza e saj e vetme jetonte larg në anën tjetër të pyllit.

Once, there was an old woman who lived with her two dogs, Lalu and Bhalu.
Her only daughter lived on the other side of a forest, far away.

"Oh dhelpër, ti s'don ta hash Burin kaq të hollë. Prit deri sa të kthehem nga vajza ime, atëherë do të jem e mirë dhe e trashë."
"Buri, Buri, kur të kthehesh do të të ha," - iu gërmua dhelpra.

"Oh fox, you don't want to eat a thin Buri like me. Wait until
I return from my daughter's, then I'll be nice and fat."
"Buri Buri, when you return, I shall eat you," snarled the fox.

Plaka vazhdoi rrugën deri sa e takoi një tigër.
"Buri, Buri, dua të të ha," - hungëroi ai.

The old woman continued her journey until she met a tiger.
"Buri Buri, I want to eat you," he growled.

"Oh tigër, ti s'don ta hash Burin kaq të hollë. Prit deri sa të kthehem nga vajza ime, atëherë do të jem e mirë dhe e trashë."

"Buri, Buri, kur të kthehesh do të të ha,"- hugëroi tigri.

"Oh tiger, you don't want to eat a thin Buri like me. Wait until I return from my daughter's, then I'll be nice and fat."

"Buri Buri, when you return, I shall eat you," growled the tiger.

Plaka vazhdoi prap rrugën e saj deri sa e takoi një luan.
"Buri, Buri dua të të ha," - ulëroi ai.

The old woman went on her way again until she met a lion.
"Buri Buri, I want to eat you," he roared.

"Oh luan, ti s'don ta hash Burin kaq të hollë. Prit deri sa të kthehem nga vajza ime, atëherë do të jem e mirë dhe e trashë."

"Buri, Buri, kur të kthehesh do të të ha," - ulëroi luani.

"Oh lion, you don't want to eat a thin Buri like me. Wait until
I return from my daughter's, then I'll be nice and fat."
"Buri Buri, when you return, I shall eat you," roared the lion.

Më në fund plaka arriti në shtëpi të vajzës saj.
"Oh bija ime çfarë rruge të vështirë bëra unë. Së pari takova një dhelpër, pastaj një tigër, e pastaj një luan. Te gjithë janë duke pritur për të më ngrënë."

At last, the old woman arrived at her daughter's house.
"Oh Daughter, what a terrible journey I've had. First I met a fox, and then a tiger and then a lion. They're all waiting to eat me."

"Mos u brengos Nënë, ia bëjmë disi. Por së pari, duhesh të pushosh dhe të hash pak," iu përgjegj e bija.

"Don't worry Mother, we'll think of something. But first, you must rest and have some food," answered her daughter.

Plaka ndenji te vajza e saj tre muaj. Gjatë kësaj kohe, ajo kishte ngrënë aq shumë sa që u bë rrumbullak e trashë dhe e mirë.

The old woman stayed with her daughter for three months. During that time, she was given so much to eat that she became nice and fat and round.

Kur erdhi koha të shkojë në shtëpi, plaka e pyeti vajzën e saj, -
"Si do t'ia bëj? Të gjitha kafshët janë duke pritur për të më ngrënë."

When it was time to go home, the old woman asked her daughter,
"What shall I do? All the animals are waiting to eat me."

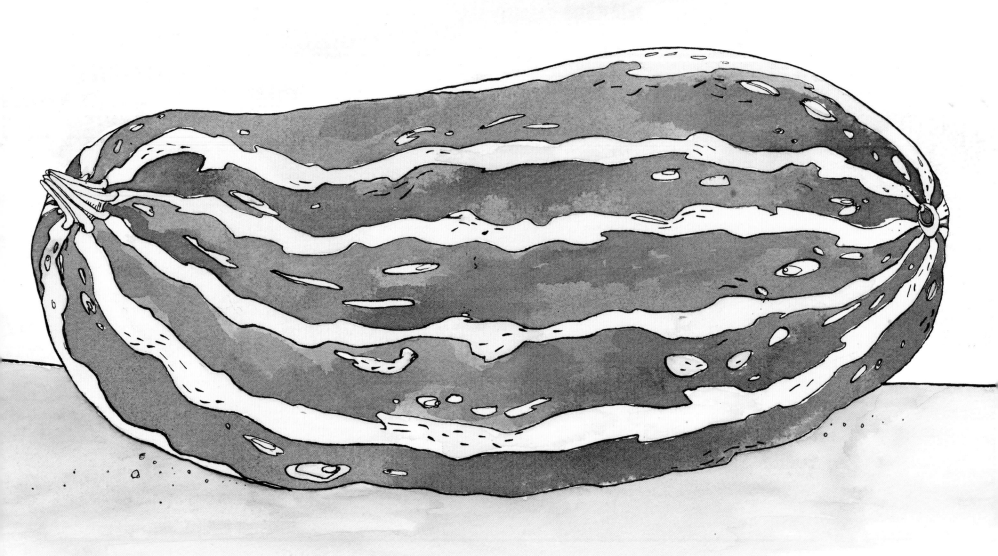

"Eja Nënë, e kam një plan," - u përgjegj vajza, dhe doli në kopsht. Aty ajo e mori kungullin më të madh që e gjeti, e preu majen dhe e gërreu brenda.

"Come Mother, I have a plan," answered the daughter, and went into the garden. There, she picked the largest marrow she could find, cut off the top and hollowed it out.

"Hyn brenda! Pastaj unë do ta shtyej kungullin, dhe ai rrotull do të të çojë në shtëpi. Mirupafshim Nënë!"

"Mirupfashim bija ime!" - u përgjegj plaka, duke u përqafuar me te.

"Climb in. Then, I'll push the marrow, and it will roll you home. Goodbye Mother."
"Goodbye Daughter," answered the old woman, as they hugged each other.

Vajza e mbylli kungullin dhe i dha një të shtyrë.
Derisa po rrotullohej, Buri këndonte qetë -
"Kungull sillu rreth e rreth
shkojmë drejtë shtëpisë shpejt e shpejt."

The daughter sealed the marrow and gave it a push.
As it rolled along, Buri quietly sang:
    "Marrow turning round and round.
    We are rolling homeward bound."

Kurr arriti te luani, ai ulëroi, - "Kungull, ti je i madh dhe plot lëng, mirëpo unë po e pres Burin," - dhe e shtyri ate.
Derisa po rrotullohej, Buri këndonte -
"Kungull sillu rreth e rreth
shkojmë drejtë shtëpisë shpejt e shpejt."

When it reached the lion, he roared, "Marrow you're big and juicy,
but I'm waiting for my Buri," and he gave it a push.
As she rolled along, Buri sang:
  "Marrow turning round and round.
  We are rolling homeward bound."

Kur arriti te tigri, ai hungëroi, - "Kungull, ti je i madh dhe plot lëng,
mirëpo unë po e pres Burin," - dhe e shtyri ate.
Dhe derisa kungulli po rrotullohej, Buri këndonte -
"Kungull sillu rreth e rreth
shkojmë drejtë shtëpisë shpejt e shpejt."

When it reached the tiger he growled, "Marrow you're big and juicy,
but I'm waiting for my Buri," and he gave it a push.
And as the marrow rolled along, Buri sang:
"Marrow turning round and round.
We are rolling homeward bound."

Mirëpo kur arriti te dhelpra, ajo e shikoi dhe gërmoi, -
"Kungull ti je i madh dhe plot lëng por unë e di që ti e ke fshehur Burin."

But when it reached the fox, he looked at it and snarled,
"Marrow you're big and juicy, but I know you're hiding my Buri."

Dhe kështu dhelpra iu sul kungullit dhe e copëtoi. Brenda, ajo gjeti plakën, "Buri, Buri, do të të ha tani," - iu gërmua ajo.

And the fox pounced onto the marrow and tore it apart. Inside, he found the old woman. "Buri Buri, I'm going to eat you now," he snarled.

"Oh dhelpër, para se të më hash, të lutem më le të shoh edhe një herë shtëpinë time,"
- iu lut plaka.
"Buri, Buri do të lë që të shohish shtëpinë tënde," - tha dhelpra.

"Oh fox, before you eat me, please let me see my home again,"
pleaded the old woman.
"Buri, Buri, I w i l l let you see your home," said the fox.

Kur arritën në shtëpi të plakës, ajo bërtiti -
"Lalu! Bhalu! Më shpëtoni! Më shpëtoni!"
Dy qentë e mëdhenj dolën me vrull dhe e·dëbuan dhelprën,
që vrapoi e vrapoi, deri sa iku.

When they reached the old woman's house, she screamed,
"Lalu! Bhalu! Save me! Save me!"
The two big dogs raced out and chased the fox, who ran and ran, until he got away.

Kur u ndal, ofshau, - "Buri, Buri, ma more të mirën.
Tani, më mbeti vetëm kungull për zamër."
Kështu pra, dhelpra asnjëherë më nuk e ngacmoi plakën.

When he stopped, he sighed, "Buri Buri, you got the better of me.
Now, all I have is marrow for my tea."
As for the old woman, she was never troubled by the fox again.

For
Michael, who grew the marrow, and Mia.
Special thanks to Chabi Dutta whose telling of the story inspired this book.
H.B.

For

my mum and dad, with love.
L.F.

Buri and the Marrow is a Bengali folk tale. The word Buri means old woman in Bengali.

First published 2000 by Mantra Publishing Ltd
5 Alexandra Grove, London N12 8NU
http://www.mantrapublishing.com

Printed in Hong Kong